AF312303

# CONDITIONS DE LA VENTE

Elle sera faite au comptant.

Les acquéreurs paieront *dix pour cent* en sus des prix d'adjudication.

L'Exposition mettant le public à même de se rendre compte
de l'état et de la nature des objets, aucune réclamation ne sera
admise une fois l'adjudication prononcée.

# CATALOGUE

### DES

# TABLEAUX MODERNES

#### PAR

BASTIEN-LEPAGE, DUMONT, HUMBERT,
PIERRE LAGARDE, LE BASQUE, ETC.

## OEuvres importantes de Troyon et Renoir

## AQUARELLES, PASTELS, DESSINS

## OBJETS D'ART ET D'AMEUBLEMENT

## Bijoux, Argenterie, Bronzes

## SIÈGES & MEUBLES, ANCIENNES TAPISSERIES

Dont la vente, par suite de décès, aura lieu à Paris

## HOTEL DROUOT, SALLE Nᵒ 1

A la requête de M. Duez, administrateur judiciaire

*Les Mercredi 25, Jeudi 26 et Vendredi 27 Mars 1903, à 2 heures*

COMMISSAIRE-PRISEUR :

Mᵉ Paul CHEVALLIER, 10, rue Grange-Batelière

EXPERTS :

| Pour les tableaux : | Pour les objets d'art : |
|---|---|
| MM. BERNHEIM JEUNE | MM. MANNHEIM |
| 8, rue Laffitte et 36, avenue de l'Opéra | 7, rue Saint-Georges |

# EXPOSITION PUBLIQUE

*Le Mardi 24 Mars 1903, de 1 h. 1/2 à 5 h. 1/2*

# Tableaux

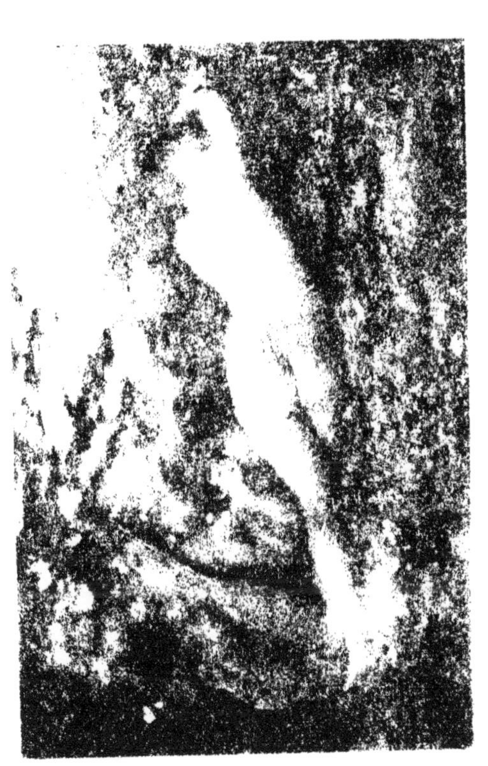

Bastien-Lepage

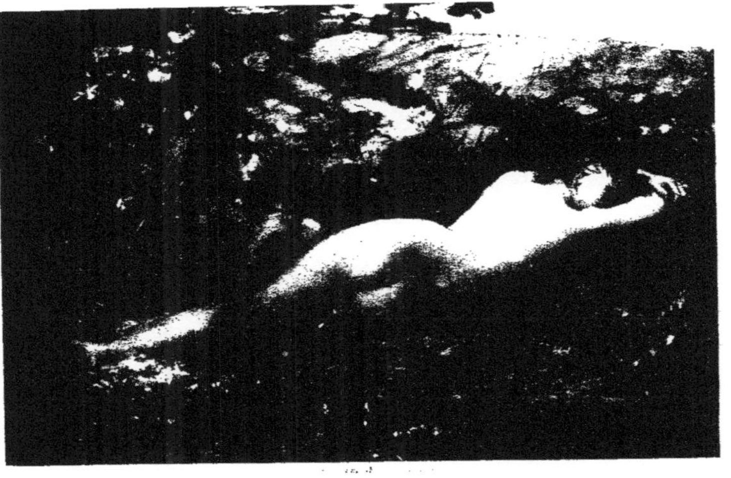

Nymphe endormie

# Busson

1. — VACHES A L'ABREUVOIR.

*Signé à droite.*

Hauteur : 90 cent.; Largeur : 115 cent.


# Bastien-Lepage

2. — NYMPHE ENDORMIE.

*Signé à droite.*

Hauteur : 70 cent.; Largeur : 102 cent.

# Bastien-Lepage

3. — LE NUAGE.

*Signé à gauche.*

Hauteur : 80 cent. ; Largeur : 62 cent.


# Dumont

4. — FLEURS.

*Signé à droite.*

Hauteur : 54 cent. ; Largeur : 04 cent.


# Gagliardini

5. — VUE DE VILLAGE.

*Signé à gauche.*

Hauteur : 30 cent. ; Largeur : 42 cent.

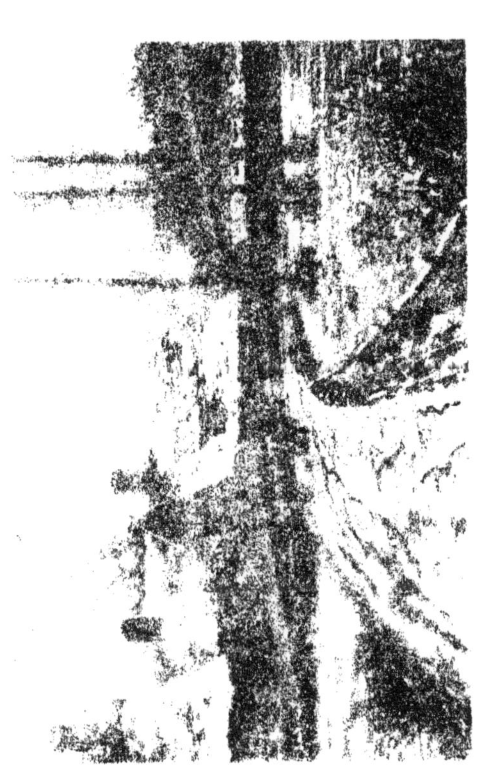

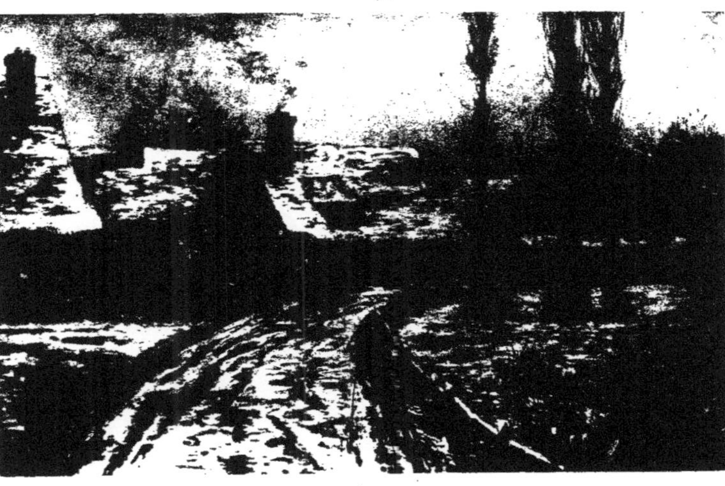

Pierre Lagarde

La Route de Rethondes

# Humbert

6. — ENLÈVEMENT DE DÉJANIRE.

*Signé à droite.*

Hauteur : 40 cent.; Largeur : 30 cent.

# Pierre Lagarde

7. — LA ROUTE DE RETHONDS.

Une route, où l'on distingue des flaques d'eau et des ornières, tourne de gauche à droite, bordée par quelques maisons à hautes toitures. A droite, une barrière enclôt un pré où se dressent les silhouettes de trois beaux peupliers. A gauche, près des maisons, un petit jardin limité par une autre barrière. Au fond, un rideau de feuillages.

*Signé à gauche en bas :* PIERRE LAGARDE.

# Pierre Lagarde

8. — L'ÉCLUSE.

Hauteur : 52 cent.; Largeur : 73 cent.

9. — LA VOIX DU LAC.

Hauteur : 142 cent.; Largeur : 190 cent.

10. — RENTRÉE DES CHIENS.

Hauteur : 71 cent.; Largeur : 91 cent.

11. — LA RIVIÈRE.

Hauteur : 79 cent.; Largeur : 98 cent.

12. — LE PÊCHEUR.

Hauteur : 110 cent.; Largeur : 98 cent.

13. — LA ROUTE.

Peinture à l'essence.

# Le Basque

**14. — BORD DE RIVIÈRE.**

*Signé à gauche.*

Hauteur : 44 cent.; Largeur : 60 cent.

**15. — AU PARC MONCEAU.**

*Signé à droite.*

Hauteur : 26 cent.; Largeur : 34 cent.

**16. — POMMIERS EN FLEURS.**

*Signé à gauche.*

Hauteur : 37 cent.; Largeur : 43 cent.

**17. — EN BATEAU.**

*Signé à gauche.*

Hauteur : 70 cent.; Largeur : 57 cent.

# Renoir

18. — RÊVERIE.

Elle est de face, vue à mi-corps, en toilette de bal, la tête appuyée sur sa main gauche. Le bras d'un modelé délicat; où scintille un cercle d'or et de pierreries, s'appuie sur une table dont on n'aperçoit qu'une extrémité. Les cheveux, coiffés dans un désordre charmant, sont blonds avec des reflets d'or. Les yeux qui songent sont d'un bleu indéfinissable et la bouche, d'un rose vif, lutte avec avantage contre les roses du corsage, placées à hauteur de l'épaule droite. La robe est bleu saphir, la chair est du modelé le plus délicat et d'un ton savoureux, le fond du tableau est rose. Cette œuvre est un accord délicieux, un véritable bouquet fait avec les fleurs les plus rares et les plus harmonieuses.

*Signé en haut à gauche.*

Toile. Hauteur : 55 cent. ; Largeur : 46 cent.

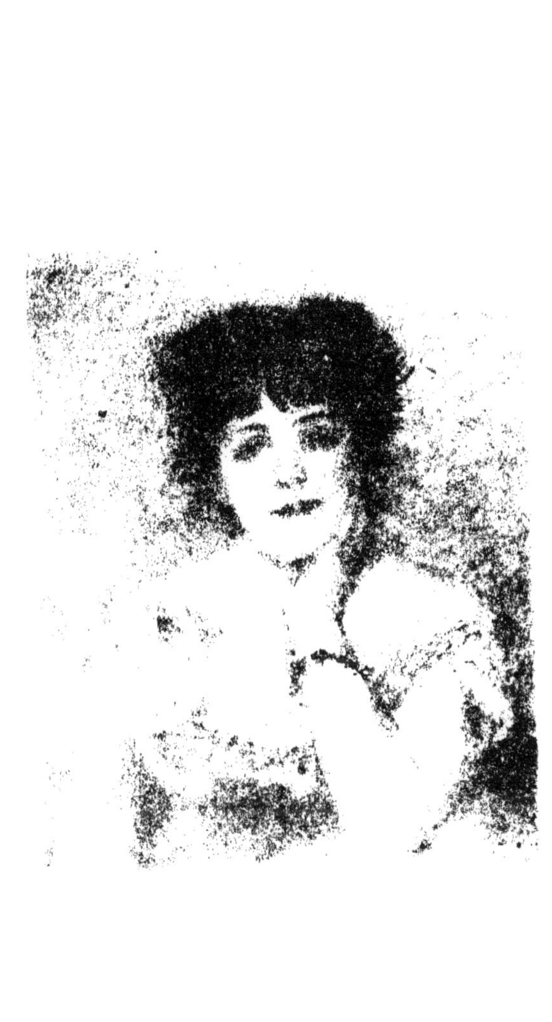

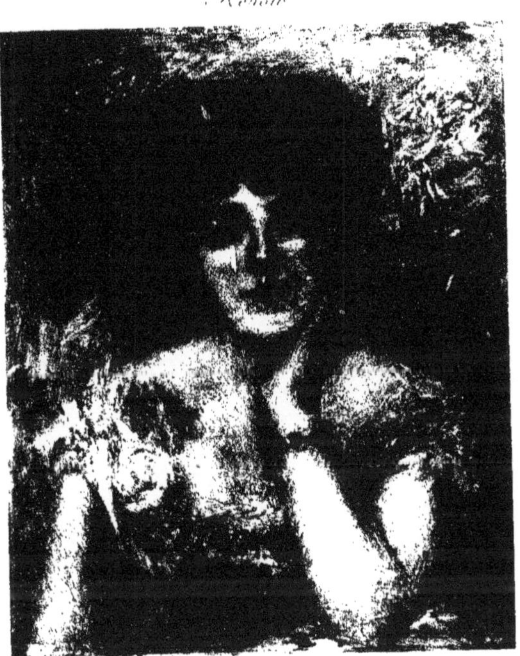

Renoir

*Rêverie*

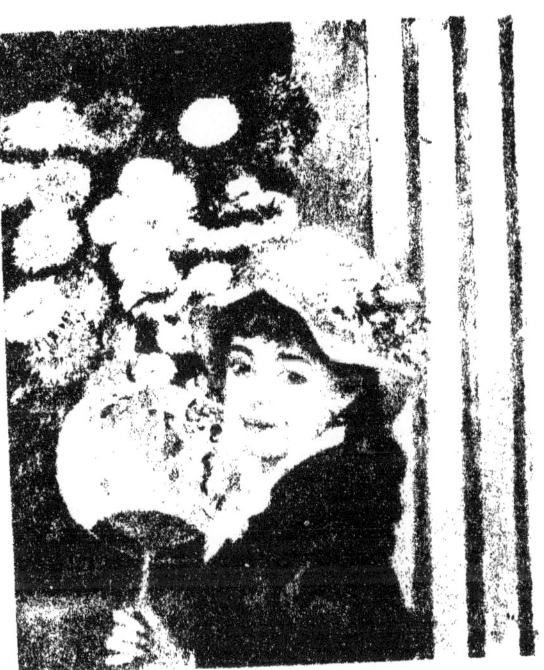

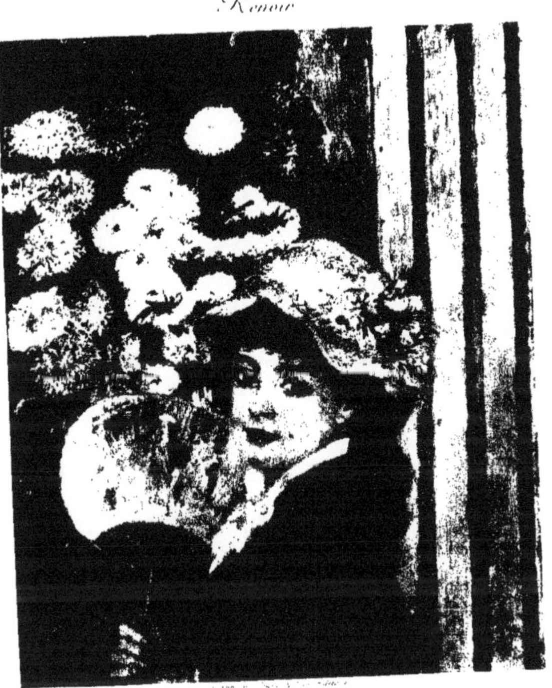

Femme à l'Éventail

# Renoir

**19. — FEMME A L'ÉVENTAIL.**

Coiffée d'un chapeau de paille sur lequel est posé un bouquet de fleurs des champs, elle n'est vue qu'à hauteur de la taille. Elle est de trois quarts, presque de face, et ses cheveux blonds s'échappent sous le chapeau en une longue natte.

Elle est vêtue d'une robe écossaise à quadrillés et sous le col blanc déborde une cravate bleutée.

De la main qu'on aperçoit au bas du tableau, elle tient un éventail japonais. Le côté gauche du tableau, au-dessus de l'éventail et en arrière de la figure, est meublé par une gerbe de camélias roses, blancs et rouges. En arrière, à droite, un mur blanc coupé de raies vertes.

Ce tableau, d'une composition et d'une hardiesse sans pareilles, dénonce une inspiration directe de l'art japonais, prestigieusement interprété par le maître Renoir.

*Signé à gauche.*

Toile. Hauteur : 55 cent. ; Largeur : 46 cent.

# Troyon

**20**. — CHIENS ÉCOSSAIS.

Au pied d'une côte, ils sont arrêtés et forment un groupe ;
à droite, l'un d'eux, couché sur ses pattes, la tête haute,
la gueule ouverte, la langue pendante ; un autre, à gauche,
le museau à terre, entre les pattes ; derrière, debout, deux
autres attentifs ; au vent qui souffle.

Ce tableau a été peint en 1857.

*Signé en bas à gauche.*

Toile. Hauteur : 87 cent. ; Largeur : 111 cent.

Troyon a fait une répétition, ou plutôt un autre tableau du même
sujet, en y apportant des changements notables ; le paysage n'est plus
du même ton ; le chien qui a la langue pendante est gris et celui du
premier plan a le poil jaunâtre ; l'exécution n'est plus la même, on
n'y retrouve plus la fougue première, et l'effet du nouveau diffère
sensiblement de celui qui se dégage, d'une façon si puissante, de
l'original, que Troyon avait conservé comme une des meilleures
productions de son pinceau.

*Troyon, Souvenirs intimes*, par Henri Dumesnil, 1888.
Vente Troyon, 1865.
Exposition universelle 1867.
Exposition universelle 1878.
Exposition triennale 1882.

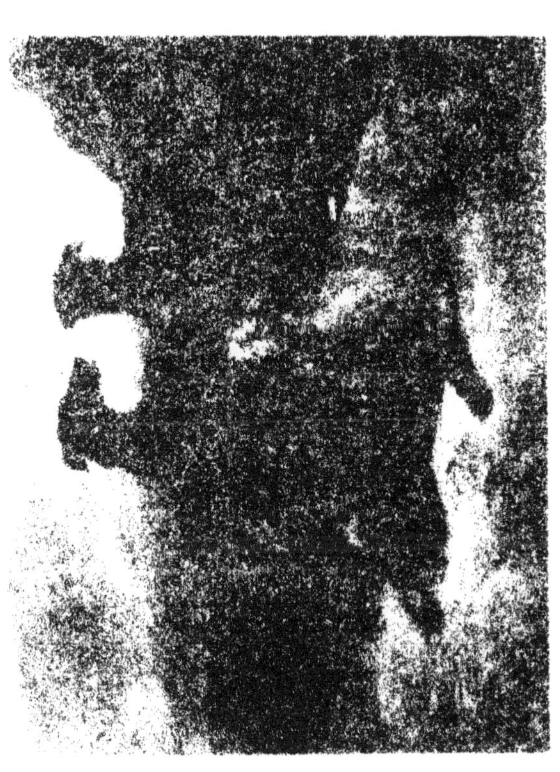

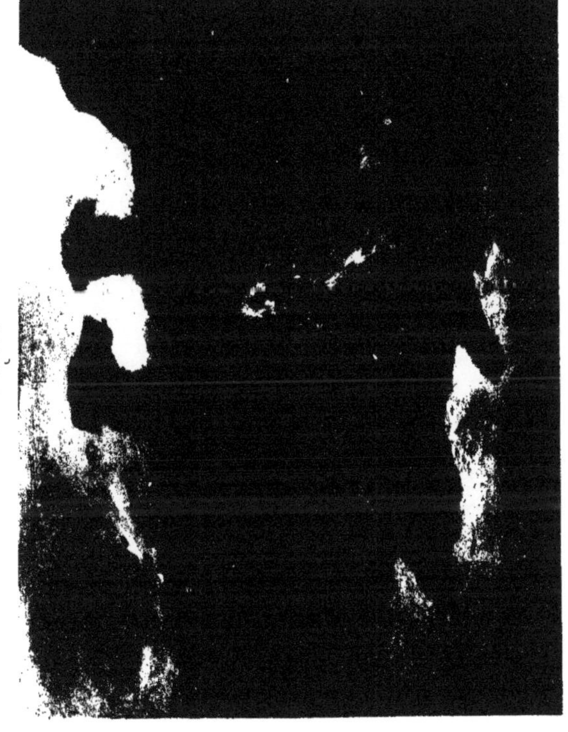

# Aquarelles, Dessins

# Bastien-Lepage

21. — DEUX PORTRAITS DE BASTIEN-LEPAGE, dans un
cadre.

Dessins.

22. — JEANNE D'ARC.

Dessin.


# J.-L. Brown

23. — FEMME EN NOIR.

*Signé en haut à droite.*

Pastel. Hauteur : 60 cent.; Largeur : 33 cent.

# J.-L. Brown

24. — RENDEZ-VOUS DE CHASSE.

Aquarelle.

25. — DÉPART POUR LA CHASSE.

Aquarelle.

# Cross

26. — GOT, dans *Il ne faut jurer de rien*.

# Forain

27. — BAL D'OURLAN.

Aquarelle importante.

# Forain

**28. — L'HOMME AU BOUQUET.**

Dessin.

**29. — PLAT EN TERRE.**

Peint par Forain.

# Heilbuth

**30. — JOURNÉE D'ÉTÉ.**

*Signé à gauche.*

Hauteur : 82 cent. ; Largeur : 137 cent.

# Henri Pille

**31. — POMPIERS.**

Aquarelle

# Henri Pille

32. — SCÈNE DE LA CAMPAGNE.

Aquarelle.

33. — LE PROCÈS-VERBAL.

Aquarelle.

31. — PARAVENT A TROIS FEUILLES.

Une feuille par Bastien-Lepage,

Une feuille par Emile Bastien-Lepage,

Une feuille par Pierre Lagarde.

# Renouard

35. — MENDIANTS.

Deux dessins dans un même cadre.

# Objets d'Art
# et d'Ameublement

# Bijoux

36. — Œuvre d'une broche formée d'une branche de fleurs en
or et en argent, garnie encore de roses.

37. — Deux petites broches formées chacune d'un simulacre
d'oiseau en or, argent et roses.

38. — Épingle de coiffure en or en forme de plume ornée d'un
rubis.

39. — Broche formée d'une branche de vigne en or avec
grappes de petites perles.

40. — Crochet d'argent doré avec chiffre en or ciselé et repercé
composé des lettres *J*. et *L*.

41. — Bague d'or avec chiffre gravé composé des lettres
*P*. et *L*.

42. — Bague d'or ciselé avec jaspe vert gravé formant cachet
et portant les lettres *P*. et *L*.

43. — Dé en or gravé.

44. — Montre d'homme à remontoir en or, de chez *Rosset et
Fils*, portant le chiffre gravé |*P*. et *L*. Elle est accom-
pagnée d'une chaîne de gilet en or.

45. — Montre de dame en or guilloché et gravé.

46. — Bracelet composé de maillons ovales reliés par une
barrette, exécutée en brillants et roses. Monture en or
et en argent.

47. — BRACELET formé de maillons d'or et enrichi de cinq brillants et de sept saphirs.

48. — BAGUE-MARQUISE pavée de brillants. Monture en or et en argent.

49. — BRACELET en or gravé à fleurs et repercé à jour.

50. — DEUX ÉPINGLES de coiffure en écaille blonde, avec monture en or et ornements exécutés en roses.

51. — MIROIR de poche en or avec chiffre exécuté en rubis et diamants composé des lettres *J.* et *L.*

52. — BAGUE d'or garnie d'un rubis, d'un brillant et d'un saphir.

53. — BAGUE d'or avec chaton ovale orné d'une opale entourée d'un rang composé de petits rubis et de petits brillants.

54. — COLLIER de col de chez *Lalique*, formé d'une plaque cambrée rectangulaire en or repercé et émaillé composée de fleurs émaillées bleu et enrichies de petits diamants. Cette plaque est placée au centre du collier qui se compose de quatorze rangs de petites perles.

55. — CHAÎNE de cou, de chez *Lalique*, en or, avec œillets en or émaillé, pendentif en or repercé et branche d'œillets émaillés en couleurs sur fond d'émail vert transparent. Ce pendant se termine par une perle fine.

56. — COLLIER formé d'une chaînette d'or et de petites perles et d'un motif central garni de quatre perles pendeloques.

57. — BROCHE ronde en or, décorée d'un saphir entouré de deux rangs de brillants.

58. — BAGUE en or, ornée d'un saphir entouré de brillants.

59. — BAGUE en or, ornée d'un rubis, d'un brillant et d'un saphir.

60 à 69. — Sous ce numéro, divers bijoux : BRACELETS, BROCHES, BAGUES, CHAINES, etc. Seront *divisés*.

# Argenterie

70. — DIX-HUIT CUILLERS et vingt-quatre FOURCHETTES, modèle à
petites feuilles. Argent. Chiffrées.

71. — ONZE CUILLERS à café assorties.

72. — PINCE à sucre et CUILLER à saupoudrer, assorties.

73. — LOUCHE assortie.

74. — TRENTE FOURCHETTES et quinze CUILLERS à entrelacs en
argent. Chiffrées.

75. — DOUZE FOURCHETTES et vingt-quatre CUILLERS à entremets
assorties. Argent. Chiffrées.

76. — DIX-SEPT CUILLERS à café assorties. Argent.

77. — DIX-HUIT GRANDS COUTEAUX, manches argent, assortis.

78. — DOUZE COUTEAUX à dessert, lames argent, assortis.

79. — ONZE COUTEAUX à fromage, lames acier, assortis.

80. — PINCE à sucre, CUILLER à saupoudrer, CUILLER à compotes.
Assorties.

81. — DEUX CUILLERS à hors-d'œuvre, CUILLER à sauce, assorties.

82. — VINGT-QUATRE COUTEAUX, lames argent doré, et vingt-
quatre COUTEAUX, lames acier, manches en nacre. Deux
CUILLERS à compotes, CUILLER à saupoudrer. Vingt-
quatre CUILLERS à entremets. Vingt-quatre FOURCHETTES
à entremets. Argent doré. Chiffrés. *Maison Touron.*

83. — DEUX PLATS longs, variés de dimensions, en argent,
style Louis XVI. *Maison Odiot.*

84. — TROIS PLATS ronds, dont deux creux, assortis aux précédents.

85. — SAUCIÈRE assortie, avec double-fond, en argent. Chiffrée.

86. — LÉGUMIER avec double-fond et couvercle en argent, style Louis XVI, *Maison Odiot*. Chiffré.

87. — LÉGUMIER à oreilles en argent. *Maison Cardeilhac*.

88. — DEUX PLATS LONGS variés de dimensions, en argent. *Maison Boin-Taburet*.

89. — DEUX PLATS RONDS en argent dont un creux, assortis aux précédents.

90. — CAFETIÈRE en argent, décor à rocailles. Chiffrée. *Maison Odiot*.

91. — DEUX CARAFES garnies argent. *Maison Boin-Taburet*.

92. — CARAFE A VIN garnie argent. Style Louis XV.

93. — ECUELLE avec couvercle et plateau en argent guilloché. Chiffrée.

94. — DEUX TASSES avec soucoupes et cuillers en argent, style Louis XV. Chiffrées.

95. — POT A LAIT en argent. Chiffré.

96. — CAFETIÈRE en argent uni. Chiffrée.

97. — SUCRIER avec couvercle en argent. Commencement du XIXᵉ siècle.

98. — PETIT PLATEAU en argent, style Louis XV. Chiffré. *Maison Boin-Taburet*.

99. — SUCRIER en argent, style Louis XV. *Maison Mérite*.

100. — DIX GOBELETS à liqueurs en argent.

101. — PORTE-HUILIER en argent, à palmettes. Epoque Restauration.

102. — PETITE MÉNAGÈRE en argent. *Maison Mérite*.

103. — POELON et GOBELET en argent.

104. — QUATRE SALIÈRES en argent à guirlandes et mascarons. Vieux Paris.

105. — MOUTARDIER en argent assorti. *Maison Cardeilhac*.

106. — MOUTARDIER en argent, décor de guirlandes, style Louis XVI.

107. — QUATRE PELLES A SEL et DEUX CUILLERS A MOUTARDE. Argent.

108. — DEUX SALIÈRES forme corbeilles en argent.

109. — TRÈS PETITE JARDINIÈRE en argent ajouré.

110. — TRUELLE A POISSON, CISEAUX A RAISIN, CUILLER ET FOURCHETTE A ENTREMETS, QUATRE CUILLERS A CAFÉ, CUILLER HOLLANDAISE. Argent

111. — DOUZE CUILLERS ET DOUZE FOURCHETTES A ENTREMETS, décor de pendentifs. argent. Chiffrée.

112. — PELLE et SERPETTE A GLACE. Argent.

113. — COUVERT A SALADE. argent partiellement doré. *Maison Mérite.*

114. — SERVICE A HORS-D'ŒUVRE de quatre pièces en argent.

115. — DOUZE COUTEAUX DE TABLE. DOUZE COUTEAUX A FROMAGE. DOUZE COUTEAUX. lames argent. SERVICE A SALADE et SERVICE A DÉCOUPER, manches ivoire. Chiffrés. *Maison Cardeilhac.*

116. — DOUZE CUILLERS A CAFÉ. argent doré. Chiffrées.

117. — DOUZE FOURCHETTES A HUITRES. argent; manches ivoire.

118. — GARNITURE DE TOILETTE en argent de style Louis XV. *Maison Keller.*

119. — MIROIR A MAIN en argent. *Maison Froment-Meurice.* Chiffré.

120. — MIROIR DE TOILETTE en argent. *Maison Froment-Meurice.* Chiffré.

121. — DEUX BOUTS DE TABLE à deux lumières à figurines d'enfants. en argent. *Maison Froment-Meurice.*

122. — TRÈS PETIT VASE en argent de style antique.

123. — GOBELET en verre. de *Daum*, à Nancy, monté en argent doré.

124. — GRAND GOBELET en argent à décor de raisins.

125. — VASE DE STYLE ANTIQUE en forme d'amphore. *Maison Barbedienne.*

126. — Petite jardinière oblongue en argent à rocailles.

# Bronzes - Objets variés

127. — Pendule Louis XIV en marqueterie d'étain sur écaille rouge, garnie de bronzes. Cadran signé *Le Maistre, à Paris*.

128. — Cartel et baromètre en bronze doré de style Louis XV.

129. — Deux girandoles à cinq lumières en bronze argenté, de style Louis XV.

130. — Deux paires d'appliques à deux lumières, en bronze doré ; gaînes ornées de rangs de piastres. Style Louis XVI. Disposées pour l'électricité.

131. — Deux flambeaux de style Louis XVI, en bronze doré. Disposés pour l'électricité.

132. — Deux candelabres à trois lumières en cuivre jaune.

133. — Deux girandoles à cinq lumières, en cuivre.

134. — Paire de flambeaux en bronze, à tiges-statuettes. *Maison Barbedienne*.

135. — Deux fauteuils en bois sculpté, dossiers médaillons, sièges et dossiers cannés. Style Louis XV.

136. — Suspension en cuivre, disposée pour l'électricité.

137. — Statuette en bronze : la Jeunesse, d'*Antonin Carlès*, *Maison Siot-Decauville*.

138. — Statuette en bronze : Le Fauconnier, de *Mène*.

139. — Chimère en bronze supportant un miroir. Signée *Lafont*.

140. — Cigogne en bronze du Japon.

141. — Petite jardinière hexagone en bronze du Japon.

142. — Jardinière en cuivre, sur pied en fer forgé.

143. — Torchère en fer forgé.

144. — Grand vase en faïence à décor de style oriental. Sèvres, 1869.

145. — Paire de vases en porcelaine moderne de Sèvres, émaillée jaune-clair.

# Sièges

146. — Deux fauteuils en bois sculpté à fleurs : sièges et dossiers cannés ; coussins en soie rose brochée. Epoque Louis XV.

147. — Fauteuil en bois sculpté à fleurettes : siège et dossier cannés, manchettes de velours rouge. Époque Louis XV.

148. — Fauteuil-caqueteuse en chêne sculpté. Style Renaissance.

149. — Quatre fauteuils en bois tourné et sculpté, couverts en velours à ramages verts ou roses. Style Louis XIII.

150. — Seize chaises en bois sculpté, à coquilles : sièges de paille. Style Régence.

151. — Petit canapé en bois peint gris, siège canné. Style Louis XV.

152. — Quatre chaises en bois sculpté à fleurettes : sièges et dossiers cannés. Style Louis XV.

153. — Deux fauteuils en bois sculpté, dossiers-médaillons, sièges et dossiers cannés. Style Louis XVI.

154. — Deux canapés en bois sculpté et peint gris : sièges et dossiers cannés, coussins de velours rouge frappé. Style Louis XVI.

155. — TABOURET et deux chaises en bois sculpté et peint gris, couverts en étoffe rayée et brochée. Style Louis XVI.

156. — PETITE BANQUETTE en bois sculpté et peint gris, couverte en étoffe brochée à fleurs.

157. — BANQUETTE en bois peint gris, siège canné avec coussin. Style Louis XVI.

158. — CANAPÉ et quatre fauteuils en bois doré, couvert en velours ciselé à fleurettes sur fond jaune-clair. Style Louis XVI.

159. — DEUX BERGÈRES en bois doré couvertes en velours ciselé à fleurettes en rouge sur fond blanc.

160. — FAUTEUIL en bois sculpté; siège et dossier en tapisserie au point.

161. — QUATRE CHAISES à hauts dossiers en bois sculpté; sièges en cuir.

162. — FAUTEUIL en bois sculpté, couvert en cuir.


# Meubles et Pianos


163. — COMMODE à trois rangs de tiroirs en bois sculpté, garnie de cuivres. Dessus de marbre. Époque Louis XV.

164. — PETITE CONSOLE Louis XVI en bois sculpté à deux pieds reliés par une traverse. Dessus en marbre gris.

165. — COMMODE à trois tiroirs en marqueterie de bois de couleurs. Le premier tiroir forme bureau. Dessus de marbre. Époque Louis XVI.

166. — Table a coiffer en bois de violette, garnie de bronzes à rocailles.

167. — Table-bureau en bois de violette et bronzes. Style Louis XV.

168. — Écran en bois sculpté à motifs de rocailles, feuille en soie rosée brolée en soies de couleurs et argent à corbeilles de fleurs.

169. — Deux lits jumeaux en acajou et canne. Style Louis XVI.

170. — Console en bois laqué blanc à décor de cannelures; tablette de marbre. Style Louis XVI.

171. — Guéridon rond en bois peint blanc a guirlandes. Dessus de marbre blanc. Style Louis XVI

172. — Guéridon rond en acajou, garni de bronzes, sur quatre pieds reliés par une entretoise. Dessus de marbre. Style Louis XVI.

173. — Guéridon en bois de placage et cuivre sur quatre pieds reliés par un croisillon. Dessus en marbre rouge du Languedoc.

174. — Guéridon rond en bois de placage, garni de bronzes. Dessus de marbre.

175. — Guéridon rond à un tiroir en bois de placage et cuivre. Dessus de marbre blanc.

176. — Petit meuble d'entre-deux en bois de placage et racine, ouvrant à une porte ornée d'un paysage peint. Garnitures de bronzes. Dessus de marbre blanc.

177. — Table a thé en marqueterie, de *Gallé*, de Nancy.

178. — Meuble-dressoir en bois sculpté, avec tiroirs, étagères et fond de glaces biseautées.

179. — Piano droit d'Érard. N° 53575.

180. — Piano a queue d'Érard. N° 62174.

181. — Mobilier courant.

# Tapisseries

182. — GRANDE TAPISSERIE rectangulaire flamande du XVIIIe siècle, présentant une vue de forêt avec cours d'eau et abbaye au second plan. Au centre, une mare avec des canards au-dessus de laquelle plane un oiseau de proie. Bordure marron à rinceaux, dais, oiseaux, vases de fleurs, etc.

Hauteur 3 m.   »<br>Largeur 5 m. 75

183. — PORTIÈRE EN TAPISSERIE-VERDURE du XVIIIe siècle.

184. — FRAGMENT DE TAPISSERIE-VERDURE.

185. — ENCADREMENT de baie composé de fragments de tapisserie du XVIIIe siècle à fleurs et instruments de musique, montés sur panne bleue.

186. — LOT DE FRAGMENTS de bordures en tapisserie.

www.ingramcontent.com/pod-product-compliance
Ingram Content Group UK Ltd.
Pitfield, Milton Keynes, MK11 3LW, UK
UKHW031757170726
13836UKWH00003B/1030